Zur Einführung.

Die Sammlung will ein juristisches Gegenstück sein zu Hans Lietzmanns bekannten (im gleichen Verlag erscheinenden) „Kleinen Texten für Vorlesungen und Übungen". Auch der Rechtsunterricht, soweit er der Rechtsgeschichte und Rechtsvergleichung gewidmet ist, bedarf solcher „Kleinen Texte", wenn er wirklich einen unmittelbaren Einblick in die Rechtsentwicklung vermitteln will: ohne eine vielseitige Sammlung leicht beschaffbarer und dem Lehrzweck angepaßter Quellenhefte ist dieses Ziel nicht zu erreichen. Unsere Texte sind teils zum Selbststudium im Anschluß an die Vorlesung bestimmt, teils zum Studium unter Leitung des Dozenten in akademischen Übungen. Mit kurzem Kommentar oder wenigstens mit Literaturangaben ausgestattet wollen sie den Zugang zu den Quellen erleichtern, die akademischen Übungen umfassender und abwechslungsreicher gestalten und zum selbständigen Quellenstudium anregen.

Für die nächsten Hefte sind Quellen zur Geschichte des Eherechts und des Strafrechts in Aussicht genommen.

Fritz Schulz
Bonn a. Rh.,
Wittelsbacherring 1.

Claudius Frh. v. Schwerin
Freiburg i. Br.,
Sternwaldstraße 26.

JURISTISCHE TEXTE
FÜR VORLESUNGEN UND ÜBUNGEN
HERAUSGEGEBEN VON
FRITZ SCHULZ UND CLAUDIUS FRH. VON SCHWERIN

I

TEXTE ZU ÜBUNGEN
IM
RÖMISCHEN PRIVATRECHT
I

AUSGEWÄHLT VON

FRITZ SCHULZ

A. MARCUS UND E. WEBERS VERLAG / BONN
DR. JUR. ALBERT AHN

1925

Vorwort.

Das kleine Quellenheft soll als Hilfsmittel dienen für Übungen im Römischen Privatrecht. Im kleinen Kreise des Romanistischen Seminars werden stets die vollständigen Quellen herangezogen werden müssen und können. In den Übungen im Römischen Privatrecht aber, die sich an einen größeren Kreis wenden, macht die Beschaffung der Quellen unüberwindliche Schwierigkeiten. Es will nach meinen Erfahrungen vielfach nicht mehr gelingen, die Teilnehmer auch nur zur Anschaffung der Mommsenschen Digestenausgabe zu bestimmen (ältere Ausgaben verwirren und halten den Unterricht auf); aber selbst wenn dies gelingt, so bedeutet es m. E. eine bedauerliche Verarmung der romanistischen Übungen, wenn sie zur bloßen „Digestenexegese" herabsinken. Der Codex fordert (gerade auch vom didaktischen Gesichtspunkt aus) sein Recht, von den Juristenschriften außerhalb der Digesten und den Urkunden ganz zu schweigen. So bleibt denn m. E. nichts anderes übrig, als die Übungen nach einem Quellenheft abzuhalten, das so wenig umfangreich ist, ut vilissima pecunia comparatio eius pateat tam ditioribus quam tenuioribus (Const. Tanta § 12). Die Nachteile eines derartigen Verfahrens sind mir bekannt; m. E. überwiegen die Vorteile.

Bei der Auswahl der Texte war vor allem der Gesichtspunkt maßgebend, nur interessante Stellen und Stellengruppen zu geben und zwar Texte, die gleichzeitig geschichtlich und dogmatisch interessant sind; denn nicht bloße geschichtliche Exegese soll in diesen Übungen getrieben werden, sondern zivilistisches Durchdenken der Probleme an der Hand der Quellen, das den engen Zusammenhang des antiken und modernen Privatrechts unmittelbar evident macht.

Die Textgestaltung ist nicht schlechthin die der maßgebenden Ausgaben. Fehler der Überlieferung, die nichts als (auch überlieferungsgeschichtlich) uninteressante Schreibfehler sind, sind einfach verbessert; davon abgesehen ist die Überlieferung nicht angetastet. Auch Interpolationen und Glossen sind in den Texten nicht bezeichnet: derartige Angaben würden das Ergebnis der wissenschaftlichen Diskussion vorwegnehmen und das kritische Nachdenken stören. Die Texte sollen auch ein geeignetes Objekt sein für die Demonstration der kritischen Quellenbehandlung.

Die Literaturangaben verfolgen einen doppelten Zweck: sie sollen einmal dem Studenten ein Paar Winke für die Vorbereitung zur Übung geben, sodann die (dem Studenten vielleicht nicht erreichbaren) neueren Arbeiten verzeichnen, über die der Dozent m. E. kritisch oder zustimmend zu berichten hat.

Eine systematische Ordnung ist bei einer so knappen Auswahl nicht möglich; dieselbe Stelle greift oft, wie ein guter praktischer Fall, in die verschiedensten Abschnitte unseres Systems ein. Daß bei dem unerhörten Reichtum der römischen Quellen eine kleine Auswahl immer willkürlich sein muß, versteht sich; einige weitere Hefte werden diese Willkürlichkeit mindern, ohne sie natürlich ganz beseitigen zu können.

Bonn a. Rh., im März 1925.

Fritz Schulz.

Abkürzungen.

Die Rechtsquellen sind nach der philologischen Methode zitiert.

Bas. = Basilica. C. = Codex Justinianus. D. = Digesta Justiniani. Gaius = Gai Institutiones. I. = Institutiones Justiniani.

Beseler = Gerhard Beseler, Beiträge zur Kritik der römischen Rechtsquellen.

Bull. = Bullettino dell' Istituto di diritto Romano.

Bonfante, Ist. = Pietro Bonfante, Istituzioni di diritto Romano 7. ed. 1921.

Czyhlarz = Lehrb. der Institutionen von Czyhlarz, 18. Aufl. von Marian San Nicolò 1924.

Girard = P. F. Girard, Manuel élémentaire de droit romain 7. Aufl. 1924.

Lenel, Edictum = Otto Lenel, Das Edictum perpetuum 2. Aufl. 1907.

Rabel, Grundzüge = Ernst Rabel, Grundzüge des römischen Privatrechts (Holtzendorff-Kohler, Enzyklop. der Rechtswissenschaft Bd. 1).

Windscheid = Bernh. Windscheid, Lehrbuch d. Pandektenrechts 9. Aufl. von Kipp 1906.

Z. = Zeitschrift der Savigny-Stiftung für Rechtsgeschichte romanistische Abteilung.

1) C. (3, 32) 23.

I. Veräußerung durch Nichtberechtigte.

Impp. Diocletianus et Maximianus AA. et CC. Magnifero. Si mancipium tuum, per vim vel furtum ablatum, alii ex nulla iusta causa distraxerunt, vindicanti tibi dominium solvendi pretii nulla necessitas inrogatur. Dat. XVI. Kal. Decemb. Caess. Cons. [294]

2) C. (3, 32) 3.

Imp. Alexander A. Domninae. Mater tua vel maritus fundum tuum invita vel ignorante te vendere iure non potuit, sed rem tuam a possessore vindicare, etiam non oblato pretio, poteris. (1) Sin autem postea de ea venditione consensisti, vel alio modo proprietatem eius amisisti, adversus emtorem quidem nullam habes actionem, adversus venditricem vero de pretio negotiorum gestorum exercere non prohiberis. PP. III. Kal. Novemb. Alexandro A. Cons. [222.]

3) D. (20, 1) 33.

II. Vertrag zugunsten Dritter.

Tryphoninus libro octavo disputationum. Is qui promisit 'tibi aut Titio', solutum quidem Titio repetere non potest, sed pignus ei datum et ante solutionem recipit.

4) D. (46, 1) 23.

Marcianus libro quarto regularum. Si 'mihi aut Titio decem' stipulatus fuerim, Titius fideiussorem accipere non potest, quia solutionis tantum causa adiectus est.

5) Bronze-Inschrift aus Tegea (Arkadien) 5. Jahrh. a. Chr.

Ξουθίαι παρκαθέκα τõι Φιλαχαίο τζετρακάτιαι μναῖ ἀργυρίο. Εἰ μέν κα ζόε, αὐτὸς ἀνελέσθο. αἰ δέ κα μὲ ζόε,

2) A. B. Schwarz, Öffentliche u. private Urkunde S. 291 (Abhandlungen d. Sächs. Akad. d. Wiss. phil. hist. Kl. 31). Gierke, Deutsch. PrivR. 2, 557, 563. Riccobono, Dal diritto romano class. al diritto moderno 235. Rabel, Grundzüge 467. 3) Glück 14, 42[32]. Levy, Konkurrenz 1, 182. 5) Dittenberger, Sylloge Inscr. Graec.[3] 3 Nr. 1213. Schwyzer, Dialect. Graec. Exempla (1923) Nr. 57. Bruck, Schenkung auf den Todesfall S. 41 ff.

τοὶ υἱοὶ ἀνελόσθο τοὶ γνέσιοι, ἐπεί κα ἐβάσοντι πέντε Fέτεα. εἰ δέ κα μὲ ζõντι, ταὶ θυγατέρες ἀνελόσθο ταὶ γνέσιαι. εἰ δέ κα μὲ ζõντι, τοὶ νόθοι ἀνελόσθο. εἰ δέ κα μὲ νόθοι ζõντι, τοὶ σάσιστα πόθικες ἀνελόσθο. εἰ δέ κ' ἀνφιλέγοντοι Τεγεᾶται διαγνõντο κατ τὸν θεθμόν.

6) D. (16, 3) 26 pr.

Paulus libro quarto responsorum. Publia Maevia cum proficisceretur ad maritum suum, arcam clusam cum veste et instrumentis commendavit Gaiae Seiae et dixit ei: 'cum 'sana salvave venero, restitues mihi: certe, si aliquid mihi 'humanum contigerit, filio meo, quem ex alio marito sus'cepi'. defuncta ea intestata desidero res commendatae cui restitui debeant, filio an marito. Paulus respondit filio.

7) Scholion 3 ad Bas. (13, 2) 26 (= D. 16, 3, 26 pr.)

Στεφάνου: Δῆλον δέ, ὅτι ὡς κληρονόμῳ γενομένῳ αὐτῷ τῆς μητρὸς ἁρμόττειν ἑρεδιτάριο ἰοῦρε δεποσίτου. τεθεμάτισται γὰρ ἀδιάθετος ἡ μήτηρ τελευτήσασα, ὡς αὐτὸν ἐξ ἀδιαθέτου καλεῖσθαι υἱὸν τῆς τελευτησάσης.

8) D. (30) 77.

Ulpianus libro quinto disputationum. Si pecunia fuit deposita apud aliquem eiusque fidei commissum, ut eam pecuniam praestet, fideicommissum ex rescripto divi Pii debebitur, quasi videatur heres rogatus remittere id debitori: nam si conveniatur debitor ab herede, doli exceptione uti potest: quae res utile fideicommissum facit. quod cum ita se habet, ab omni debitore fideicommissum relinqui potest.

9) C. (3, 42) 8.

Impp. Diocletianus et Maximianus AA. et CC. Photino. Si res tuas commodavit aut deposuit is, cuius precibus meministi, adversus tenentem ad exhibendum vel vindicatione uti potes. (1) Quod si pactus sit, ut tibi restituantur, si quidem ei, qui deposuit, successisti, iure

---

6) Hellwig, Verträge auf Leistung an Dritte S. 1 ff. Windscheid-Kipp § 316[4a]. F. Haymann, Schenkung unter einer Auflage 154. Rabel, Grundzüge 507[1]. 8) Windscheid-Kipp § 316[4a]. Hellwig 3. F. Haymann l. c. 9) Windscheid § 316[7]. Eisele, Beitr. zur Röm. Rechtsgesch. S. 79. Hellwig, Verträge 30. De Ruggiero, Bull. 19, 80. Siber, Passivlegitimation bei der rei vindicatio 78[1]. Beseler 1, 24; 2, 135. Czyhlarz 146. Kübler Z. 29, 486. Riccobono Z. 31, 350.

hereditario depositi actione uti non prohiberis. Si vero nec civili nec honorario iure ad te hereditas eius pertinet, intelligis, nullam te ex eius pacto contra quem supplicas actionem stricto iure habere; utilis autem tibi propter aequitatis rationem dabitur depositi actio. S. V. Kal. Mai. Heracliae, AA. Conss. [293.]

10) D. (30) 108, 13, 14.

Africanus libro quinto quaestionum. Qui margarita Titio pignori dederat, filium heredem instituit et filiam exheredavit, deinde ita cavit: 'te, Titi, rogo fideique 'tuae committo, uti margarita, quae tibi pignori dedi, 'vendas et deducto omni debito tuo quod amplius erit 'id omne filiae meae restituas'. ex ea scriptura filiam a fratre fidei commissum petere posse, ut is actiones suas adversus debitorem ei praestaret: hoc enim casu eum, qui creditor fuisset, debitorem intellegendum eius scilicet, quod pretium pignoris summam debiti excedat. (14) Non autem mirandum, si, cum alius rogatus sit, alius fidei commisso obstringatur: nam et cum in testamento ita scribatur: 'te, Titi, rogo, ut acceptis centum illum servum manumittas' vel 'Sempronio quid praestes', parum quidem apte scribi, verum aeque intellegendum heredis fidei commissum, ut pecuniam Titio praestaret: ideoque et ipsum Titium cum herede acturum et libertatem servo vel Sempronio quod rogatus sit praestare cogendum.

11) D. (32) 37, 3.

Scaevola libro octavo decimo digestorum. Pater emancipato filio bona sua universa exceptis duobus servis non mortis causa donavit et stipulatus est a filio in haec verba: 'quae tibi mancipia quaeque praedia 'donationis causa tradidi cessi, per te non fieri dolove 'malo neque per eum ad quem ea res pertinebit, quo 'minus ea mancipia quaeque ex his adgnata erunt eaque 'praedia cum instrumento, cum ego volam vel cum mo-'rieris, quaequae eorum exstabunt quaeve dolo malo aut 'fraude factove tuo eiusque ad quem ea res pertinebit in 'rerum natura aut in potestate esse desissent, si vivam 'mihi aut cui ego volam reddantur restituantur, stipulatus

10) Hellwig 4. Beseler 3, 174. F. Haymann l. c. Mitteis, Röm. PrivR. 1, 288. 11) Hellwig 8. Windscheid-Kipp § 316[4a]. F. Haymann l. c.

'est Lucius Titius pater, spopondit Lucius Titius filius'. idem pater decedens epistulam fideicommissariam ad filium suum scripsit in haec verba: 'Lucio Titio filio suo salutem. 'certus de tua pietate fidei tuae committo, uti des praestes 'illi et illi certam pecuniam: et Lucrionem servum meum 'liberum esse volo'. quaesitum est, cum filius patris nec bonorum possessionem acceperit nec ei heres exstiterit, an ex epistula fideicommissa et libertatem praestare debeat. respondit, etsi neque hereditatem adisset neque bonorum possessionem petisset et nihil ex hereditate possideret, tamen nihilo minus et ex stipulatu ab heredibus patris et fideicommisso ab his quorum interest quasi debitorem conveniri posse, maxime post constitutionem divi Pii, quae hoc induxit.

III. Bedingung.

12) Ulpian, Regulae 2, 4.

Sub hac condicione liber esse iussus 'si decem milia heredi dederit', etsi ab herede abalienatus sit, emptori dando pecuniam ad libertatem perveniet; idque lex duodecim tabularum iubet.

13) D. (10, 2) 12, 2.

Ulpianus libro nono decimo ad edictum. Res, quae sub condicione legata est, interim heredum est et ideo venit in familiae erciscundae iudicium et adiudicari potest cum sua scilicet causa, ut existente condicione eximatur ab eo cui adiudicata est aut deficiente condicione ad eos revertatur a quibus relicta est. idem et in statulibero dicitur, qui interim est heredum, existente autem condicione ad libertatem perveniat.

14) D. (30) 69, 1.

Gaius libro secundo de legatis ad edictum praetoris. Si servum sub condicione legatum heres alienaverit, deinde condicio exstiterit, potest nihilo minus a legatario vindicari nec extinguitur legatum.

15) D. (8, 6) 11, 1.

Marcellus libro quarto digestorum. Heres, cum legatus esset fundus sub condicione, imposuit ei servitutes: extin-

---

12) Mitteis, Röm. PrivR. 1, 173[24]. 13) Windscheid l. c. Wlassak, Z. 37, 276[4]. Vassalli, Bull. 27, 198. 14) Windscheid § 89[4]. cfr. § 646. Vassalli 197. 15) Windscheid l. c. Wlassak 277[2]. Vassalli 199.

guentur, si legati condicio existat. videamus, an adquisitae sequantur legatarium: et magis dicendum est, ut sequantur.

16) D. (35, 1) 105.

Pomponius libro quinto epistularum. Si fundum a testatore sub condicione legatum heres alii pendente condicione legavit, post existentem condicionem, quae priori testamento praeposita fuerat, neque proprietas a priore legatario recedit nec locum religiosum in eo fundo heres facere nec servitutem imponere poterit: sed et imposita servitus finietur exsistente condicione.

17) D. (30) 81 pr.

Iulianus libro trigesimo secundo digestorum. Si fundum sub condicione legatum heres pendente condicione sub alia condicione alii legasset et post existentem condicionem, quae priore testamento praeposita fuisset, tunc ea condicio, sub qua heres legaverat, exstitisset, dominium a priore legatario non discedit.

18) D. (7, 4) 16.

Ulpianus libro quinto disputationum. Si sub condicione mihi legatus sit usus fructus medioque tempore sit penes heredem, potest heres usum fructum alii legare: quae res facit, ut, si condicio extiterit mei legati, usus fructus ab herede relictus finiatur. quod si ego usum fructum amisero, non revertetur ad legatarium, cui ab herede pure legatus fuerat, quia ex diversis testamentis ius coniunctionis non contingit.

19) (35, 1) 79 pr. § 1.

IV. Bedingung u. Befristung.

Papinianus libro primo definitionum. 'Heres meus, cum morietur Titius, centum ei dato'. purum legatum est, quia non condicione, sed mora suspenditur: non potest enim condicio non existere. (1) 'Heres meus, cum ipse morietur, centum Titio dato'. legatum sub condicione relictum est: quamvis enim heredem moriturum certum sit, tamen incertum est, an legatario vivo. dies legati non cedit et non est certum ad eum legatum perventurum.

---

16) Windscheid l. c. Mitteis 173 f. Vassalli 198. 17) Siehe Lit. zu 16. 19) Windscheid § 96a[7], § 642[3].

20) D. (36, 2) 22 pr.

Pomponius libro quinto ad Quintum Mucium. Si Titio, 'cum is annorum quattuordecim esset factus', legatum fuerit et is ante quartum decimum annum decesserit, verum ad heredem eius legatum non transire, quoniam non solum diem, sed et condicionem hoc legatum in se continet 'si effectus esset annorum quattuordecim', qui autem in rerum natura non esset, annorum quattuordecim esse non intellegeretur. nec interest, utrum scribatur 'si annorum quattuordecim factus erit' an ita 'cum': priore scriptura per condicionem tempus demonstratur, sequenti per tempus condicio, utrubique tamen eadem condicio est.

21) D. (36, 1) 48.

Iavolenus libro undecimo epistularum. Seius Saturninus archigubernus ex classe Britannica testamento fiduciarium reliquit heredem Valerium Maximum trierarchum, a quo petit, ut filio suo Seio Oceano, cum ad annos sedecim pervenisset, hereditatem restitueret. Seius Oceanus antequam impleret annos, defunctus est: nunc Mallius Seneca, qui se avunculum Seii Oceani dicit, proximitatis nomine haec bona petit, Maximus autem trierarchus sibi ea vindicat ideo, quia defunctus est is cui restituere iussus erat. quaero ergo, utrum haec bona ad Valerium Maximum trierarchum heredem fiduciarium pertineant an ad Mallium Senecam, qui se pueri defuncti avunculum esse dicit. respondi: si Seius Oceanus, cui fideicommissa hereditas ex testamento Seii Saturnini, cum annos sedecim haberet, a Valerio Maximo fiduciario herede restitui debeat, priusquam praefinitum tempus aetatis impleret, decessit, fiduciaria hereditas ad eum pertinet, ad quem cetera bona Oceani pertinuerint, quoniam dies fideicommissi vivo Oceano cessit, scilicet si prorogando tempus solutionis tutelam magis heredi fiduciario permisisse, quam incertum diem fideicommissi constituisse videatur.

22) D. (35, 1) 54 pr.

Iavolenus libro secundo ex Cassio. Si quis legata, quibus dies adposita non esset, annua bima trima die dari

---

20) Windscheid § 96a[5], § 642[3 u. 9]. Rabel, Grundzüge 537[3]. 21) Windscheid § 96a[6]. Maassen, Civilist. Erörterungen 31. 22) Glück 41, 62. Enneccerus, Rechtsgeschäft 1, 196. Windscheid l. c.

iussit et alicui, cum pubes esset, pecuniam legavit, id quoque legatum annua bima trima die post pubertatem praestandum esse in commentariis Gaii scriptum est, quia magis condicio quam dies legato adiecta esset. contra ego sentio, quia fere dies ponitur ad proroganda ea, quae ad praesens tempus, non etiam quae in futurum legata sunt, diesque pubertatis habet aliquam temporis demonstrationem.

23) C. (6, 53) 5.

Imp. Alexander A. Maximo. Ex his verbis: 'do lego 'Aeliae Severinae filiae et Secundae decem, quae legata 'accipere debebit, cum ad legitimum statum pervenerit', non condicio fideicommisso vel legato inserta, sed petitio in tempus legitimae aetatis dilata videtur. (1) Et ideo, si Aelia Severina, filia testatoris, cui legatum relictum est, die legati cedente vita functa est, ad heredem suum actionem transmisit, scilicet ut eo tempore solutio fiat, quo Severina, si rebus humanis subtracta non fuisset, vicesimum quintum annum aetatis impleret. (2) Non coeptum enim annum, sed impletum, si de emolumento relicti fideicommissi tractetur, exspectandum esse prudentibus placuit. PP. XIII. Kal. Ianuar. Alexandro A. II. et Marcello Conss. [226.]

24) D. (36, 2) 26, 1.

Papinianus libro nono responsorum. Cum ab heredibus alumno centum dari voluisset testator et eam pecuniam ad alium transferri, ut in annum vicensimum quintum trientes usuras eius summae perciperet alumnus ac post eam aetatem sortem ipsam: intra vicensimum quintum annum eo defuncto transmissum ad heredem pueri fideicommissum respondi: nam certam aetatem sorti solvendae praestitutam videri, non pure fideicommisso relicto condicionem insertam. cum autem fideicommissum ab eo peti non posset, penes quem voluit pecuniam collocari, propter haec verba 'eamque alumno meo post aetatem 'supra scriptam curabis reddere' fideicommissum ab heredibus petendum, qui pecuniam dari stipulari debuerunt:

---

23) Maassen l. c. S. 29. Windscheid l. c. Glück l. c. Enneccerus l. c. S. 198f. **24**) Windscheid l. c. Maassen 34. Mitteis, Röm. PrivR. 1, 196.

sed fideiussores ab eo non petendos, cuius fidem sequi defunctus maluit.

25) D. (19, 2) 54, 1.

V. Sachmiete. Paulus libro quinto responsorum. Inter locatorem fundi et conductorem convenit, ne intra tempora locationis Seius conductor de fundo invitus repelleretur et, si pulsatus esset, poenam decem praestet Titius locator Seio conductori: vel Seius conductor Titio, si intra tempora locationis discedere vellet, aeque decem Titio locatori praestare vellet: quod invicem de se stipulati sunt. quaero, cum Seius conductor biennii continui pensionem non solveret, an sine metu poenae expelli possit. Paulus respondit, quamvis nihil expressum sit in stipulatione poenali de solutione pensionum, tamen verisimile esse ita convenisse de non expellendo colono intra tempora praefinita, si pensionibus paruerit et ut oportet coleret: et ideo, si poenam petere coeperit is qui pensionibus satis non fecit, profuturam locatori doli exceptionem.

26) D. (19, 2) 56.

Paulus libro singulari de officio praefecti vigilum. Cum domini horreorum insularumque desiderant diu non apparentibus nec eius temporis pensiones exsolventibus conductoribus aperire et ea quae ibi sunt describere, a publicis personis quorum interest audiendi sunt. tempus autem in huiusmodi re biennii debet observari.

27) D. (43, 16) 1, 22.

Ulpianus libro sexagensimo nono ad edictum. Quod servus vel procurator vel colonus tenent, dominus videtur possidere, et ideo his deiectis ipse deici de possessione videtur, etiamsi ignoret eos deiectos, per quos possidebat. et si quis igitur alius, per quem possidebam, deiectus fuerit, mihi competere interdictum nemini dubium est.

28) C. (4, 65) 3.

Imp. Antoninus A. Flavio Callimorpho — Diaetae, quam te conductam habere dicis, si pensionem domino

---

25) Gaius 4, 116. Martial. 12, 32. Wendt, Faustrecht 195. Pernice, Z. 19, 97. Windscheid § 402[6]. **26**) Windscheid § 402[6]. Mommsen, Staatsrecht 2, 1058[4]. Eisele, Z. 18, 22. Costa, La locazione di cose (1915) S. 103. **27**) Beseler 4, 239. **28**) Windscheid § 402, 2. Eisele, Z. 11, 29. Pernice, Z. 19, 97. Costa, Locazione 102.

insulae solvis, invitum te expelli non oportet, nisi propriis usibus dominus esse necessariam eam probaverit, aut corrigere domum maluerit, aut tu male in re locata versatus es. PP. VIII. Id. Ian. Messala et Sabino Conss. [214.]

29) D. (19, 2) 30 pr. § 1.

Alfenus libro tertio digestorum a Paulo epitomatorum. Qui insulam triginta conduxerat, singula caenacula ita locavit, ut quadraginta ex omnibus colligerentur: dominus insulae, quia aedificia vitium facere diceret, demolierat eam: quaesitum est, quanti lis aestimari deberet, si is qui totam conduxerat ex conducto ageret. respondit, si vitiatum aedificium necessario demolitus esset, pro portione, quanti dominus praediorum locasset, quod eius temporis habitatores habitare non potuissent, rationem duci et tanti litem aestimari: sin autem non fuisset necesse demoliri, sed quia melius aedificare vellet, id fecisset, quanti conductoris interesset, habitatores ne migrarent, tanti condemnari oportere. (1) Aedilis in municipio balneas conduxerat, ut eo anno municipes gratis lavarentur: post tres menses incendio facto respondit posse agi cum balneatore ex conducto, ut pro portione temporis, quo lavationem non praestitisset, pecuniae contributio fieret.

30) D. (19, 1) 13, 30.

Ulpianus libro trigesimo secundo ad edictum. Si venditor habitationem exceperit, ut inquilino liceat habitare, vel colono ut perfrui liceat ad certum tempus, magis esse Servius putabat ex vendito esse actionem: denique Tubero ait, si iste colonus damnum dederit, emptorem ex empto agentem cogere posse venditorem, ut ex locato cum colono experiatur, ut quidquid fuerit consecutus, emptori reddat.

31) D. (19, 2) 9 pr. — § 1.

Ulpianus libro trigesimo secundo ad edictum. Si quis domum bona fide emptam vel fundum locaverit mihi isque sit evictus sine dolo malo culpaque eius, Pomponius ait nihilo minus eum teneri ex conducto ei qui conduxit,

---

29) pr. Beseler 3, 48. Albertario, Contributi alla critica del digesto (1911) S. 18. § 1. Windscheid § 400[5]. **30**) Pernice, Labeo 2, 1 S. 128, 2, 2, 1 S. 61 f. Czyhlarz 270. Rotondi Scritti 2, 485. Windscheid § 455[9]. **31**) pr. Pernice, Labeo 2, 2, 1 S. 253. Windscheid § 257[6]. § 1. Windscheid § 400[4]. F. Mommsen, Unmöglichkeit S. 49.

ut ei praestetur frui quod conduxit licere. plane si dominus non patitur et locator paratus sit aliam habitationem non minus commodam praestare, aequissimum esse ait absolvi locatorem. (1) Hic subiungi potest, quod Marcellus libro sexto digestorum scripsit: si fructuarius locaverit fundum in quinquennium et decesserit, heredem eius non teneri, ut frui praestet, non magis quam insula exusta teneretur locator conductori. sed an ex locato teneatur conductor, ut pro rata temporis quo fruitus est pensionem praestet, Marcellus quaerit, quemadmodum praestaret, si fructuarii servi operas conduxisset vel habitationem? et magis admittit teneri eum: et est aequissimum. idem quaerit, si sumptus fecit in fundum quasi quinquennio fruiturus, an recipiat? et ait non recepturum, quia hoc evenire posse prospicere debuit. quid tamen si non quasi fructuarius ei locavit, sed si quasi fundi dominus? videlicet tenebitur: decepit enim conductorem: et ita imperator Antoninus cum divo Severo rescripsit. in exustis quoque aedibus eius temporis, quo aedificium stetit, mercedem praestandam rescripserunt.

32) D. (24, 3) 25, 4.

Paulus libro trigesimo sexto ad edictum. Si vir in quinquennio locaverit fundum et post primum forte annum divortium intervenerit, Sabinus ait non alias fundum mulieri reddi oportere, quam si caverit, si quid praeter unius anni locationem maritus damnatus sit, id se praestatum iri: sed et mulieri cavendum, quidquid praeter primum annum ex locatione vir consecutus fuerit, se ei restituturum.

33) D. (19, 2) 25, 1.

Gaius libro decimo ad edictum provinciale. Qui fundum fruendum vel habitationem alicui locavit, si aliqua ex causa fundum vel aedes vendat, curare debet, ut apud emptorem quoque eadem pactione et colono frui et inquilino habitare liceat: alioquin prohibitus is aget cum eo ex conducto.

34) C. (4, 65) 9.

Imp. Alexander A. Aurelio Fusco militi. Emtori quidem fundi necesse non est, stare colonum, cui prior

---

32) Bechmann, Dotalrecht 2, 414. Costa, Locazione 69. **34**) Windscheid § 400 Note 7 γ. Costa, Locazione 74. Girard 470[3].

dominus locavit, nisi ea lege emit. Verum si probetur aliquo pacto consensisse, ut in eadem conductione maneat, quamvis sine scripto, bonae fidei iudicio ei, quod placuit, parere cogitur. PP. VII. Id, Septemb. Maximo II. et Urbano Conss. [234.]

35) Fragmenta Vaticana 44.

Ulpianus libro II. Respondit Aurelio Felici fructus ex fundo per vindicationem pure relicto post aditam hereditatem a legatario perceptos ad ipsum pertinere, colonum autem cum herede ex conducto habere actionem.

36) D. (30) 120, 2.

Ulpianus libro secundo responsorum. Fructus ex fundo pure legato post aditam hereditatem a legatario perceptos ad ipsum pertinere, colonum autem cum herede ex conducto habere actionem.

37) D. (43, 16) 18 pr.

Papinianus libro vicensimo sexto quaestionum. Cum fundum qui locaverat vendidisset, iussit emptorem in vacuam possessionem ire, quem colonus intrare prohibuit: postea emptor vi colonum expulit: de interdictis unde vi quaesitum est. placebat colonum interdicto venditori teneri, quia nihil interesset, ipsum an alium ex voluntate eius missum intrare prohibuerit: neque enim ante omissam possessionem videri, quam si tradita fuisset emptori, quia nemo eo animo esset, ut possessionem omitteret propter emptorem, quam emptor adeptus non fuisset. emptorem quoque, qui postea vim adhibuit, et ipsum interdicto colono teneri: non enim ab ipso, sed a venditore per vim fundum esse possessum, cui possessio esset ablata. quaesitum est, an emptori succurri debeat, si voluntate venditoris colonum postea vi expulisset. dixi non esse iuvandum, qui mandatum illicitum susceperit.

38) D. (43, 16) 12.

Marcellus libro nono decimo digestorum. Colonus eum, cui locator fundum vendiderat, cum is in possessionem missus esset, non admisit: deinde colonus vi ab alio de-

---

35) Schulz, Einführung 54. **37**) Pampaloni, Studi Senesi 5 (1888) S. 154 ff. Gaius 4, 154. Windscheid § 400 [7]. **38**) Pampaloni, Windscheid l. c. Pernice Z. 19, 97.

iectus est: quaerebatur, quis haberet interdictum unde vi. dixi nihil interesse, colonus dominum ingredi volentem prohibuisset an emptorem, cui iussisset dominus tradi possessionem, non admisit. igitur interdictum unde vi colono competiturum ipsumque simili interdicto locatori obstrictum fore, quem deiecisse tunc videretur, cum emptori possessionem non tradidit, nisi forte propter iustam et probabilem causam id fecisset.

39) D. (41, 2) 20.

Marcellus libro nono decimo digestorum. Si quis rem, quam utendam dederat, vendiderit emptorique tradi iusserit nec ille tradiderit, alias videbitur possessione dominum intervertisse, alias contra. nam nec tunc quidem semper dominus amittit possessionem, cum reposcenti ei commodatum non redditur: quid enim si alia quaepiam fuit iusta et rationabilis causa non reddendi, non utique ut possessionem eius interverteret?

40) D. (13, 7) 18 pr.

VI. Pfandrecht.

Paulus libro vicensimo nono ad edictum. Si convenerit, ut nomen debitoris mei pignori tibi sit, tuenda est a praetore haec conventio, ut et te in exigenda pecunia et debitorem adversus me, si cum eo experiar, tueatur. ergo si id nomen pecuniarium fuerit, exactam pecuniam tecum pensabis, si vero corporis alicuius, id quod acceperis erit tibi pignoris loco.

41) C. (4, 39) 7.

Impp. Diocletianus et Maximianus AA. Mnaseae. Postquam eo decursum est, ut cautiones quoque debitorum pignori darentur, ordinarium visum est, ut post nominis venditionem utiles emtori, sic, ut responsum est, vel ipsi creditori postulanti dandas actiones.

42) D. (20, 1) 11, 2.

Marcianus libro singulari ad formulam hypothecariam. Usus fructus an possit pignori hypothecaeve dari, quae-

39) Beseler 1, 67. 40) Windscheid § 239[10]. 41) Windscheid § 239[9]. 42) Windscheid § 239[1], § 205[4]. Siber, Passivlegitimation bei der rei vindicatio 90. Ebrard, Digestenfragmente ad formulam hypothecariam (Leipz. Diss. 1917) S. 88. Rabel, Grundzüge 495. M. Wolff, Sachenrecht § 118[2].

situm est, sive dominus proprietatis convenerit sive ille qui solum usum fructum habet. et scribit Papinianus libro undecimo responsorum tuendum creditorem et si velit cum creditore proprietarius agere 'non esse ei ius uti frui invito se', tali exceptione eum praetor tuebitur: 'si non inter 'creditorem et eum ad quem usus fructus pertinet con- 'venerit, ut usus fructus pignori sit': nam et cum emptorem usus fructus tuetur praetor, cur non et creditorem tuebitur? eadem ratione et debitori obicietur exceptio.

43) C. (8, 9) 1.

Imp. Gordianus A. Aristoni. Si, te non remittente pignus, debitor tuus ea, quae tibi obnoxia sunt, venumdedit, integrum tibi ius est ea persequi, non interdicto Salviano (id enim tantummodo adversus conductorem debitoremve competit), sed Serviana actione, vel quae ad exemplum eius instituitur utilis adversus emptorem exercenda. PP. VI. Id. Septemb. Pio et Pontiano Conss.

44) D. (43, 33) 1.

Iulianus libro quadragensimo nono digestorum. Si colonus ancillam in fundo pignoris nomine duxerit et eam vendiderit, quod apud emptorem ex ea natum est, eius adprehendendi gratia utile interdictum reddi oportet. (1) Si colonus res in fundum duorum pignoris nomine intulerit, ita ut utrique in solidum obligatae essent, singuli adversus extraneum Salviano interdicto recte experientur: inter ipsos vero si reddatur hoc interdictum, possidentis condicio melior erit. at si id actum fuerit, ut pro partibus res obligaretur, utilis actio et adversus extraneos et inter ipsos dari debebit, per quam dimidias partes possessionis singuli adprehendent. (2) Idem servari conveniet et si colonus rem, quam cum alio communem habebat, pignoris nomine induxerit, scilicet ut pro parte dimidia pignoris persecutio detur.

45) D. (20, 1) 10.

Ulpianus libro septuagesimo tertio ad edictum. Si debitor res suas duobus simul pignori obligaverit ita, ut utrique in solidum obligatae essent, singuli in solidum ad-

43) Windscheid § 236[5]. Lenel, Edictum 470[15]. 44) Lenel, Z. 3, 180 ff. Edict. l. c. Schulz, Bonner Festgabe f. Zitelmann 134.

versus extraneos Serviana utentur: inter ipsos autem si quaestio moveatur, possidentis meliorem esse condicionem: dabitur enim possidenti haec exceptio: 'si non convenit, ut eadem res mihi quoque pignori esset'. si autem id actum fuerit, ut pro partibus res obligarentur, utilem actionem competere et inter ipsos et adversus extraneos, per quam dimidiam partis possessionem adprehendant singuli.

46) D. (19, 2) 53.

Papinianus libro undecimo responsorum. Qui fideiussor exstitit apud mancipem pro colono publicorum praediorum, quae manceps ei colono locavit, rei publicae non tenetur: sed fructus in eadem causa pignoris manent.

47) D. (19, 2) 24, 1.

Paulus libro trigesimo quarto ad edictum. Si colonus locaverit fundum, res posterioris conductoris domino non obligantur: sed fructus in causa pignoris manent, quemadmodum essent, si primus colonus eos percepisset.

48) D. (47, 2) 62, 8.

Africanus libro octavo quaestionum. Locavi tibi fundum, et (ut adsolet) convenit, uti fructus ob mercedem pignori mihi essent. si eos clam deportaveris, furti tecum agere posse aiebat. sed et si tu alii fructus pendentes vendideris et emptor eos deportaverit, consequens erit, ut in furtivam causam eos incidere dicamus. etenim fructus, quamdiu solo cohaereant, fundi esse et ideo colonum, quia voluntate domini eos percipere videatur, suos fructus facere. quod certe in proposito non aeque dicitur: qua enim ratione coloni fieri possint, cum emptor eos suo nomine cogat?

49) D. (46, 3) 93.

VII. Confusionslehre.

Scaevola libro singulari quaestionum publice tractatarum. Si duo rei sint stipulandi et alter alterum heredem scripsit, videndum, an confundatur obligatio. placet non confundi. quo bonum est hoc dicere? quod, si intendat

---

46) Windscheid § 231 [7]. Schulz l. c. 128. **47**) Windscheid l. c. Schulz l. c. **48**) Schulz l. c. 129. **49**) Windscheid § 352 [6]. P. Kretschmar, Theorie der Confusion S. 25. Beseler 4, 188, Z. 44, 360. — Vgl. D. (19, 1) 10 und dazu Schulz, Z. 38, 148. Levy, Konkurrenz 1, 456.

dari sibi oportere, vel ideo dari oportet ipsi, quod heres exstitit, vel ideo, quod proprio nomine ei deberetur. atquin magna est huius rei differentia: nam si alter ex reis pacti conventi temporali exceptione summoveri poterit, intererit, is qui heres exstitit utrumne suo nomine an hereditario experiatur, ut ita possis animadvertere, exceptioni locus sit nec ne. (1) Item si duo rei sint promittendi et alter alterum heredem scripsit, confunditur obligatio. (2) Sed et si reus heredem fideiussorem scripserit, confunditur obligatio. et quasi generale quid retinendum est, ut, ubi ei obligationi, quae sequellae locum optinet, principalis accedit, confusa sit obligatio: quotiens duae sint principales, altera alteri potius adicitur ad actionem, quam confusionem parere. (3) Quid ergo, si fideiussor reum heredem scripserit? confundetur obligatio secundum Sabini sententiam, licet Proculus dissentiat.

50) D. (46, 1) 5.

Ulpianus libro quadragensimo sexto ad Sabinum. Generaliter Iulianus ait eum, qui heres exstitit ei, pro quo intervenerat, liberari ex causa accessionis et solummodo quasi heredem rei teneri. denique scripsit, si fideiussor heres extiterit ei, pro quo fideiussit, quasi reum esse obligatum, ex causa fideiussionis liberari: reum vero reo succedentem ex duabus causis esse obligatum. nec enim potest repperiri, quae obligatio quam peremat: at in fideiussore et reo repperitur, quia rei obligatio plenior est. nam ubi aliqua differentia est obligationum, potest constitui alteram per alteram peremi: cum vero duae eiusdem sint potestatis, non potest repperiri, cur altera potius quam altera consumeretur. refert autem haec ad speciem, in qua vult ostendere non esse novum, ut duae obligationes in unius persona concurrant. est autem species talis. si reus promittendi reo promittendi heres extiterit, duas obligationes sustinet: item si reus stipulandi exstiterit heres rei stipulandi, duas species obligationis sustinebit. plane si ex altera earum egerit, utramque consumet, videlicet quia natura obligationum duarum, quas haberet, ea esset, ut, cum altera earum in iudicium deduceretur, altera consumeretur.

---

50) Windscheid § 352 [6], § 480 [2]. Levy, Konkurrenz I, 455.

51) D. (46, 1) 50.

Papinianus libro trigensimo septimo quaestionum. Debitori creditor pro parte heres extitit accepto coherede fideiussore: quod ad ipsius quidem portionem attinet, obligatio ratione confusionis intercidit aut (quod est verius) solutionis potestate: sed pro parte coheredis obligatio salva est, non fideiussoria, sed hereditaria, quoniam maior tollit minorem.

52) D. (42, 6) 3.

Papinianus libro vicensimo septimo quaestionum. Debitor fideiussori heres extitit eiusque bona venierunt: quamvis obligatio fideiussionis extincta sit, nihilo minus separatio impetrabitur petente eo, cui fideiussor fuerat obligatus, sive solus sit hereditarius creditor sive plures. neque enim ratio iuris, quae causam fideiussionis propter principalem obligationem, quae maior fuit, exclusit, damno debet adficere creditorem, qui sibi diligenter prospexerat. (1) Quid ergo, si bonis fideiussoris separatis solidum ex hereditate stipulator consequi non possit? utrum portio cum ceteris heredis creditoribus ei quaerenda erit, an contentus esse debebit bonis, quae separari maluit? sed cum stipulator iste non adita fideiussoris a reo hereditate bonis fideiussoris venditis in residuum pro misceri debitoris creditoribus potuerit, ratio non patitur eum in proposito summoveri. (2) Sed in quolibet alio creditore, qui separationem impetravit, probari commodius est, ut, si solidum ex hereditate servari non possit, ita demum aliquid ex bonis heredis ferat, si proprii creditores heredis fuerint dimissi. quod sine dubio admittendum est circa creditores heredis dimissis hereditariis.

53) D. (46, 1) 24.

Marcellus libro singulari responsorum. Lucius Titius cum pro Seio fratre suo apud Septicium intervenire vellet, epistulam ita emisit: 'si petierit a te frater meus, peto des ei nummos fide et periculo meo': post quam epistulam Septicius Seio pecuniam numeravit: deinde Titius inter reliquos et Seium fratrem pro tertia parte reliquit heredem.

---

52) pr. P. Kretschmar, Confusion 26. § 1, 2: Windscheid § 607[10]. Rabel, Grundzüge 540[1]. Bonfante, Scritti giur. 1, 638 ff. **53**) Kretschmar, Confusion 80.

quaero, an, quia adversus Seium debitorem Septicii confusa sit actio pro tertia parte, qua Titio fratri suo heres exstitit, cum coheredibus eius agere in solidum possit. Marcellus respondit cum coherede Seii non pro maiore quam hereditaria parte mandati agi posse.

54) D. (46, 1) 21, 2—5.

Africanus libro septimo quaestionum. Servo tuo pecuniam credidi: eum tu manumisisti: deinde eundem fideiussorem accepi. si quidem in eam obligationem fideiubeat, quae adversus te intra annum sit, obligari eum ait: sin vero in naturalem suam, potius ut nihil agatur: non enim intellegi posse, ut quis pro se fideiubendo obligetur. quod si hic servus manumissus fideiussori suo heres existat, durare causam fideiussionis putavit et tamen nihilo minus naturalem obligationem mansuram, ut, si obligatio civilis pereat, solutum repetere non possit. nec his contrarium esse, quod, cum reus fideiussori heres existat, fideiussoria obligatio tollatur, quia tunc duplex obligatio civilis cum eodem esse non potest. retro quoque si fideiussor servo manumisso heres exstiterit, eadem adversus eum obligatio manet, quamvis et naturaliter teneatur nec pro se quis fideiubere possit. (3) Quod si stipulator reum heredem instituerit, omnimodo fideiussoris obligationem peremit, sive civilis sive tantum naturalis in reum fuisset, quoniam quidem nemo potest apud eundem pro ipso obligatus esse. quod si idem stipulator fideiussorem heredem scripserit, procul dubio solam fideiussoris obligationem peremit. argumentum rei, quod, si possessio rerum debitoris data sit creditori, aeque dicendum est fideiussorem manere obligatum. (4) Cum et tu et Titius eiusdem pecuniae rei essetis, eum, qui pro te fideiussit, posse et pro Titio fideiubere respondit, quamvis eandem pecuniam eidem debiturus sit: nec tamen inanem eam creditori futuram: nonnullis enim casibus emolumentum habituram, veluti si ei, pro quo ante fideiussisset, heres existat: tunc enim confusa prima obligatione posteriorem duraturam. (5) Cum fideiussor reo stipulandi heres exstiterit, quaeritur, an, quasi ipse a se exegerit, habeat adversus reum mandati

---

54) § 2. Windscheid § 480[2]. Kretschmar, Confusion 72, 22. De Medio, Archivio giur. 68 (1902) S. 235. § 3. Windscheid § 477[13]. Kretschmar 40, 118. De Medio l. c. § 5. Kretschmar 178.

actionem. respondit, cum reus obligatus maneat, non posse intellegi ipsum a se fideiussorem pecuniam exegisse: itaque ex stipulatu potius quam mandati agere debebit.

55) D. (46, 3) 38, 5.

Africanus libro septimo quaestionum. Qui pro te apud Titium fideiusserat, pignus in suam obligationem dedit: post idem heredem te instituit. quamvis ex fideiussoria causa non tenearis, nihilo minus tamen pignus obligatum manebit. at si idem alium fideiussorem dederit atque ita heredem te instituerit, rectius existimari ait sublata obligatione eius, pro quo fideiussum sit, eum quoque qui fideiusserit liberari.

56) D. (21, 2) 30.

Pomponius libro nono decimo ad Sabinum. Si emptori, qui stipulatus sit furtis noxisque solutum esse, heres exstiterit is, cui servus furtum fecerit, incipit is ex stipulatu actionem habere, quemadmodum si ipse alii praestitisset.

57) D. (17, 1) 11.

Pomponius libro tertio ex Plautio. Si ei, cui damnatus ex causa fideiussoria fueram, heres postea extitero, habebo mandati actionem.

58) D. (17, 1) 47 pr.

Pomponius libro tertio ex Plautio. Iulianus ait, si fideiussori uxor doti promiserit, quod ei ex causa fideiussoria debeat, nuptiis secutis confestim mandati adversus debitorem agere eum posse, quia intellegitur abesse ei pecunia eo, quod onera matrimonii sustineret.

59) D. (46, 3) 95, 2.

Papinianus libro vicensimo octavo quaestionum. Aditio hereditatis nonnumquam iure confundit obligationem, veluti si creditor debitoris vel contra debitor creditoris adierit hereditatem. aliquando pro solutione cedit, si forte creditor, qui pupillo sine tutoris auctoritate nummos crediderat, heres ei extitit: non enim quanto locupletior pupillus

---

55) P. Kretschmar 78, 123. 56) Cfr. Gaius 4, 77. 57) P. Kretschmar, Confusion 140, 178. 58) Bechmann, Dotalrecht 2, 113. 59) P. Kretschmar, Confusion 94, 135. Windscheid § 289[11]. Alibrandi, Bull. 24, 170, 179. Gaius 2, 253, 255.

factus est, consequeretur, sed in solidum creditum suum ex hereditate retinet. aliquando evenit, ut inanis obligatio aditione hereditatis confirmetur. nam si heres, qui restituerit ex Trebelliano hereditatem, fideicommissario heres exstiterit, vel mulier, quae pro Titio intercesserat, eidem heres extiterit, incipit obligatio civilis propter hereditatem eius, qui iure tenebatur, auxilium exceptionis amittere: etenim inconditum est subvenire sexui mulieris, quae suo nomine periclitetur.

60) D. (16, 1) 8, 12, 13.

Ulpianus libro vicensimo nono ad edictum. Si mulieri heres extiterit creditor, videndum, an restitutoria uti non possit. et ait Iulianus libro duodecimo restitutoria eum nihilo minus usurum, non immerito, cum non obligatae cum effectu successerit. denique in Falcidia hoc aes alienum non imputabitur. (13) Plane si mihi proponas mulierem veteri debitori successisse, dicendum erit restitutoria eam conveniri posse, sed et directa actione: nihil enim eius interest, qua actione conveniatur.

61) D. (7, 2) 4.

Iulianus libro trigensimo quinto digestorum. Si tibi proprietas fundi legata fuerit, mihi autem et Maevio et tibi eiusdem fundi usus fructus, habebimus ego et Maevius trientes in usu fructu, unus triens proprietate miscebitur. sive autem ego sive Maevius capite minuti fuerimus, triens inter te et alterutrum nostrum dividetur, ita ut semissem in usu fructu habeat is, qui ex nobis capite minutus non fuerat, ad te proprietas cum parte dimidia usus fructus pertineat.

62) Fragmenta Vaticana 83.

Ulpianus libro septimo decimo ad Sabinum. Non solum autem si duobus do lego usus fructus legetur, erit ius adcrescendi, verum et si alteri usus fructus, alteri proprietas; nam amittente usum fructum altero, cui erat legatus, magis iure adcrescendi ad alterum pertinet quam redit ad proprietatem. nec novum: nam et si duobus usus fructus legetur et apud alterum sit consolidatus, ius

---

60) P. Kretschmar, Confusion 151. Windscheid § 487, § 352^{4c}.
61) Siehe Lit. zu 62. **62**) Gaius 2, 199. Kretschmar, Confusion 183. Windscheid § 205^{4}, § 645^{3}.

adcrescendi non perit nec ei apud quem consolidatus est, neque ab eo, et ipse, quibus modis amitteret ante consolidationem, iisdem et nunc ipso quidem iure non amittet, sed praetor secutus exemplum iuris civilis utilem actionem dabit fructuario; et ita Neratio et Aristoni videtur et Pomponius probat; quamquam Iulianus libro XXXV digestorum scribat ipsi quidem ius adcrescendi competere, non vero fructuario ab eo.

63) D. (7, 1) 57 pr.

Papinianus libro septimo responsorum. Dominus fructuario praedium, quod ei per usum fructum serviebat, legavit, idque praedium aliquamdiu possessum legatarius restituere filio, qui causam inofficiosi testamenti recte pertulerat, coactus est: mansisse fructus ius integrum ex post facto apparuit.

64) D. (36, 1) 75, 1.

Maecianus libro tertio decimo fideicommissorum. Cum ex Trebelliano senatus consulto restituitur hereditas, servitutes, quas mutuo praedia heredis et testatoris habent, nihilo minus valent.

65) D. (30) 116, 4.

Florentinus libro undecimo institutionum. Fundus legatus talis dari debet, qualis relictus est. itaque sive ipse fundo heredis servitutem debuit sive ei fundus heredis, licet confusione dominii servitus exstincta sit, pristinum ius restituendum est. et nisi legatarius imponi servitutem patiatur, petenti ei legatum exceptio doli mali opponetur: si vero fundo legato servitus non restituetur, actio ex testamento superest.

66) D. (18, 4) 24.

Labeo libro quarto posteriorum a Iavoleno epitomatorum. Hereditatem Cornelii vendidisti: deinde Attius, cui a te herede Cornelius legaverat, priusquam legatum ab emptore perciperet, te fecit heredem: recte puto ex vendito te acturum, ut tibi praestetur, quia ideo eo minus

---

63) Dernburg, Pand. 3 § 147, 4. Kretschmar, Confusion 218. Longo, Bull. 11, 311. **64**) Windscheid § 665[4a]. P. Kretschmar, Confusion 138. **65**) Windscheid § 654[5]. Kipp, Erbrecht § 109[4]. **66**) Windscheid § 621[11].

hereditas venierit, ut id legatum praestaret emptor, nec quicquam intersit, utrum Attio, qui te heredem fecerit, pecunia debita sit, an legatario.

67) D. (5, 3) 31 pr.

Ulpianus libro quinto decimo ad edictum. Si quid possessor solvit creditoribus, reputabit, quamquam ipso iure non liberaverit petitorem hereditatis: nam quod quis suo nomine solvit, non debitoris, debitorem non liberat. et ideo Iulianus libro sexto digestorum scribit ita id imputaturum possessorem, si caverit se petitorem defensum iri. sed an et bonae fidei possessor debeat defendendum cavere, videndum erit, quia in eo quod solvit non videtur locupletior factus: nisi forte habeat condictionem et hoc nomine videtur locupletior, quia potest repetere: finge enim eum, dum se heredem putat, solvisse suo nomine. et videtur mihi Iulianus de solo praedone ut caveat sensisse, non etiam de bonae fidei possessore: condictionem tamen praestare debebit. sed et petitor si a creditoribus conveniatur, exceptione uti debebit.

VIII. Bezahlung von Nachlaßschulden.

68) D. (12, 6) 31.

Ulpianus libro primo opinionum. Is, qui plus quam hereditaria portio efficit per errorem creditori caverit, indebiti promissi habet condictionem.

69) D. (5, 3) 25, 11, 12.

Ulpianus libro quinto decimo ad edictum. Consuluit senatus bonae fidei possessoribus, ne in totum damno adficiantur, sed in id dumtaxat teneantur, in quo locupletiores facti sunt. quemcumque igitur sumptum fecerint ex hereditate, si quid dilapidaverunt perdiderunt, dum re sua se abuti putant, non praestabunt. nec si donaverint, locupletiores facti videbuntur, quamvis ad remunerandum sibi aliquem naturaliter obligaverunt. plane si ἀντίδωρα acceperunt, dicendum est eatenus locupletiores factos, quatenus acceperunt: velut genus quoddam hoc esset permutationis. (12) Si quis re sua lautius usus sit contemplatione delatae sibi hereditatis, Marcellus libro quarto

IX. Erbschaftsanspruch.

---

67) Pernice, Labeo 3, 241. Beseler 4, 17. Kipp, Erbrecht § 68, IV, 5. 69) Windscheid § 612 [13. 14]. Beseler 4, 39. Kipp, Erbrecht § 68 III.

digestorum putat nihil eum ex hereditate deducturum, si eam non attigit.

70) D. (5, 3) 13, 3—5.

Ulpianus libro quinto decimo ad edictum. Neratius libro sexto membranarum scribit ab herede peti hereditatem posse, etiamsi ignoret pro herede vel pro possessore defunctum possedisse. idem esse libro septimo ait etiam si putavit heres eas res ex hac hereditate esse quae sibi delata est. (4) Quid si quis hereditatem emerit, an utilis in eum petitio hereditatis deberet dari, ne singulis iudiciis vexaretur? venditorem enim teneri certum est: sed finge non extare venditorem vel modico vendidisse et bonae fidei possessorem fuisse: an porrigi manus ad emptorem debeant? et putat Gaius Cassius dandam utilem actionem. (5) Idem erit dicendum et si parvo pretio iussus vendere heres Titio hereditatem vendidit: nam putat dicendum Papinianus adversus fideicommissarium dari actionem: ab herede enim peti non expedit perexiguum pretium habente.

71) C. (3, 31) 2.

Impp. Severus et Antoninus AA. Marcello militi. Si post motam controversiam Menecratis bonorum partem dimidiam Musaeus ab herede scripto, quaestionis illatae non ignarus, comparavit, tam ipse quasi malae fidei possessor, quam heredes eius fructus restituere coguntur. (1) Si vero venditionem lite antiquiorem esse liquido probaretur, ex eo die fructus restituantur, ex quo lis in iudicium deducta est. Fructibus enim augetur hereditas, cum ab eo possidetur, a quo peti potest. (2) Emptor autem, qui proprio titulo possessionis munitus est, etiam singularum rerum iure convenitur. Dat. Kal. Iul. Severo A. II. et Victorino Conss. [200.]

72) I. (2, 9) 5.

X. Stellvertretung.

Ex his itaque apparet per liberos homines, quos neque iuri vestro subiectos habetis neque bona fide possidetis, item per alienos servos, in quibus neque usum fructum habetis neque iustam possessionem, nulla ex causa vobis adquiri posse. et hoc est, quod dicitur per extraneam

---

70) Windscheid § 614⁷·⁸. Beseler 4, 10. **71**) Windscheid § 614⁷. Beseler 4, 21. **72**) Gaius 2, 25. Rotondi, Scritti giur. 3, 212. Beseler 4, 52.

personam nihil adquiri posse: excepto eo, quod per liberam personam veluti per procuratorem placet non solum scientibus, sed etiam ignorantibus vobis adquiri possessionem secundum divi Severi constitutionem et per hanc possessionem etiam dominium, si dominus fuit qui tradidit, vel usucapionem aut longi temporis praescriptionem, si dominus non sit.

73) Ps. Paulus, Sententiae 5, 2, 2 (Breviar tit. De usucapione).

Per liberas personas, quae in potestate nostra non sunt, adquiri nobis nihil potest. sed per procuratorem adquiri nobis possessionem posse utilitatis causa receptum est. absente autem domino comparata non aliter ei, quam si rata sit, quaeritur.

74) D. (41, 3) 47.

Paulus libro tertio ad Neratium. Si emptam rem mihi procurator ignorante me meo nomine adprehenderit, quamvis possideam, eam non usucapiam, quia ut ignorantes usuceperimus, in peculiaribus tantum rebus receptum est.

75) C. (7, 32) 1.

Impp. Severus et Antoninus AA. Attico. Per liberam personam ignoranti quoque acquiri possessionem et, postquam scientia intervenerit, usucapionis conditionem inchoari posse, tam ratione utilitatis quam iuris pridem receptum est. PP. VI. Kal. Decemb. Dextro II. et Prisco Conss. [196.]

76) D. (41, 1) 13.

Neratius libro sexto regularum. Si procurator rem mihi emerit ex mandato meo eique sit tradita meo nomine, dominium mihi, id est proprietas, adquiritur etiam ignoranti. (1) Et tutor pupilli pupillae similiter ut procurator emendo nomine pupilli pupillae proprietatem illis adquirit etiam ignorantibus.

---

73) Mitteis, Röm. PrivR. 1, 212 f. Schulz, Einführung 75. Beseler 4, 51. Donatuti, Studi sul procurator II (Verus et falsus procurator) (1922). Solazzi, Rendiconti del Ist. Lomb. 56, 149, 152. 74) Windscheid § 177[6]. Beseler 4, 59, 67; Z. 43, 417. Schulz, Z. 33, 62. 75) Windscheid § 177[6]. Beseler 4, 60. 76) Mitteis 213[30]. Albertario, Procurator unius rei S. 7[2]. Solazzi 153[1]. Beseler 2, 172; 4, 55. Bonfante, Ist. 353.

77) D. (3, 5) 23.

Paulus libro vicensimo quarto ad edictum. Si ego hac mente pecuniam procuratori dem, ut ea ipsa creditoris fieret, proprietas quidem per procuratorem non adquiritur, potest tamen creditor etiam invito me ratum habendo pecuniam suam facere, quia procurator in accipiendo creditoris dumtaxat negotium gessit: et ideo creditoris ratihabitione liberor.

78) D. (41, 2) 49, 2.

Papinianus libro secundo definitionum. Etsi possessio per procuratorem ignoranti quaeritur, usucapio vero scienti competit, tamen evictionis actio domino contra venditorem invito procuratore non datur, sed per actionem mandati ea cedere cogitur.

79) D. (37, 1) 3, 7.

Ulpianus libro trigesimo nono ad edictum. Adquirere quis bonorum possessionem potest vel per semetipsum vel per alium. quod si me non mandante bonorum possessio mihi petita sit, tunc competet, cum ratum habuero id quod actum est. denique si ante decessero quam ratum habeam, nulla dubitatio est, quin non competet mihi bonorum possessio, quia neque ego ratum habui neque heres meus ratum habere potest, cum ad eum non transeat ius bonorum possessionis.

80) D. (46, 8) 24.

Africanus libro quinto quaestionum. Bonorum possessionem ab alio adgnitam ratam haberi oportere eo tempore, quo adhuc in ea causa sit, ut peti possit: itaque post centensimum diem rata haberi non potest. (1) An autem et si mortuus fuisset qui petisset vel furere coeperit, ratum haberi possit, videamus: nam si in universum perinde haberi debet, ac si tunc, cum ratum habeat, per eum bonorum possessionem petat, frusta his casibus ratum habetur. sed illud consequens futurum etiam si paeniteat illum petisse, ratum haberi non posse, quod utique sit absurdum. rectius

---

77) Windscheid § 74[4a]. Beseler 4, 52. Bonfante, Albertario l. c. 78) Beseler 4, 58. 79) Windscheid § 596[11], § 74[4c]. Regelsberger, Pand. 598[13]. 80) pr. Lenel, Edictum 349. Windscheid § 74[6]. Regelsberger Pand. 164[7]. § 1. Windscheid § 74[4b u. c]. Beseler 3, 34.

itaque dicitur neutram eorum causam impedire ratihabitionem.

81) D. (46, 8) 25, 1.

Africanus libro sexto quaestionum. Procurator cum ab eo aes alienum exegerat, qui tempore liberaretur, ratam rem dominum habiturum cavit: deinde post tempus liberato iam debitore dominus ratam rem habet. posse debitorem agere cum procuratore existimavit, cum iam debitor liberatus sit: argumentum rei, quod, si nulla stipulatio interposita sit, condictio locum adversus procuratorem habitura sit: in locum autem condictionis interponi stipulationem.

82) D. (46, 3) 71, 1—3.

Celsus libro vicensimo septimo digestorum. Si fideiussor procuratori creditoris solvit et creditor post tempus, quo liberari fideiussor poterit, ratum habuit, tamen quia fideiussor, cum adhuc ex causa fideiussionis teneretur, solvit, nec repetere potest nec minus agere adversus reum mandati potest, quam si tum praesenti dedisset. (2) Item si ignorans creditor procuratori suo solutum servo debitoris filiove acceptum fecerit, postea autem rescierit et ratum habuerit, confirmetur solutio et quod acceptum latum sit, nullius momenti est: et contra, si ratum non habuerit, quod acceptum fecerit, confirmatur. (3) Sed si ignorans solutum litem contestatus est, si pendente iudicio ratum habuit, absolvi oportet illum, cum quo actum est, si ratum non habuit, condemnari.

83) D. (46, 3) 58.

Ulpianus libro octagensimo ad edictum. Si quis offerenti se negotiis alienis bona fide solverit, quando liberetur? et ait Iulianus, cum dominus ratum habuerit, tunc liberari. idem ait, antequam dominus haberet ratum, an condici ex ea causa possit? et ait interesse, qua mente solutio facta

---

81) Beseler 4, 54 Note. Regelsberger, Pand. § 164[7]. Windscheid § 74[6]. Gradenwitz, Bull. 2, 313. Gaius 3, 121. **82**) § 1. Lenel, Palingenesia 1, 162. Gradenwitz, Bull. 2, 313. Windscheid § 74[6]. Regelsberger Pand § 164[7]. Fein., Arch. f. ziv. Prax. 20, 179. § 2. Windscheid § 74[6 u. 7]. v. Tuhr, Allgem. Teil 2, 2 S. 244. Raape, Arch. f. ziv. Prax. 121, 290. § 3. Fein l. c. 178. Keller, Litis Contestation § 22[10]. **83**) Beseler 4, 54 Note. Donatuti l. c. S. 11. pr. Regelsberger, Pand. 598. Zimmermann, Lehre von der stellvertretenden neg. gestio S. 277 ff. § 1. Windscheid § 74[4c]. Inst. Iust. 3, 10, 1. § 2. Beseler 4, 229. Donatuti l. c. Windscheid § 74[6].

esset, utrum ut statim debitor liberetur an vero cum dominus ratum habuisset: priore casu confestim posse condici procuratori et tunc demum extingui condictionem, cum dominus ratum habuisset, posteriore tunc demum nasci condictionem, cum dominus ratum non habuisset. (1) Si creditor, cuius ignorantis procuratori solutum est, adrogandum se dederit, sive ratum habuit pater, rata solutio est, sive non habuit, repetere debitor potest. (2) Et si duo rei stipulandi sunt, quorum alterius absentis procuratori datum, antequam is ratum haberet, interim alteri solutum est, in pendenti est posterior solutio ac prior: quippe incertum est, debitum an indebitum exegerit.

84) D. (46, 8) 12, 2.

Ulpianus libro octagensimo ad edictum. Iulianus ait interesse, quando dominus ratam habere deberet solutionem in procuratorem factam, an tunc demum, cum primum certior factus esset. hoc autem ἐν πλάτει accipiendum et cum quodam spatio temporis nec minimo nec maximo et quod magis intellectu percipi, quam elocutione exprimi possit. quid ergo, si, quod primo ratum non habuit, postea habebit ratum? nihilo magis proficere ad impediendam actionem suam et ob id, quod primo non habuit ratum, actionem salvam habere ait. ideoque si, quod procuratori fuerat solutum, exegerit, agi perinde ex ea stipulatione poterit, ac si ratum habere se postea non dixisset. sed ego puto exceptionem doli mali locum habituram.

85) D. (20, 1) 16, 1.

Marcianus libro singulari ad formulam hypothecariam. Si nesciente domino res eius hypothecae data sit, deinde postea dominus ratum habuerit, dicendum est hoc ipsum, quod ratum habet, voluisse eum retro recurrere ratihabitionem ad illud tempus, quo convenit. voluntas autem fere eorum demum servabitur, qui et pignori dare possunt.

86) Protokoll über eine Testamentseröffnung.

a. 474 p. C. (Bruns, Fontes iuris Romani Nr. 123.)

XI. Testament.

Leone iun. perpetuo Augusto sub die prid. nonar. Novembr. Ravennae apud Pompuliu[m Preiecticium iun. et Fl. Proiectum, et iterum

---

84) Regelsberger, Pand. 599^{15}. v. Tuhr, Z. 10, 405. Beseler 4, 54 Note. 85) Beseler 4, 53. Windscheid § 74^{6}, § 83^{6}. 86) Savigny, Schriften 3, 122. Kreller, Erbrechtliche Untersuchungen auf Grund der gräco-ägyptisch. Papyrusurkunden S. 395 ff. Ps. Paul. Sent. 4, 6.

magistratus, praesentib]us Aelio Marino Commodiano Constantio iun., Ocremodio Victore, Popilio Calomnioso et Melminio Cassiano principalibus, Pascasia honesta femina dixit: 'Offero cartam testamenti, quod [Constantius maritus meus fecit. Peto ut] eam suscipi iubeatis. Testibus praesentibus ostendi, ut si signacula vel superscribtiones suas recognoscunt, dignentur edicere; eam resignari praecipiatis, linum inc[idi, aperiri et per ordinem recitari faciatis, quo voluntas defuncti possit agnosci'. Pom]pulius Preiecticius iun. et Fl. Proiectus magistratus dixerunt: 'Suscipiatur carta testamenti, quae offertur; testibus praesentibus ostendatur, ut, si signacula vel superscriptiones [suas recognoscunt, singuli edicere non morentur'. Cumque ca]rta testamenti suscepta fuisset et testibus praesentibus ostensa, Fl. Bonifacius, vir devotus, apparitor viri illustris [praefecti] praetorio dixit: 'In hoc testamento interfui. Agnosco signaculum et superscribtionem meam'. [. . . Heraclius . . . dixit: 'E]go in hoc testamento interfui. Agnosco annuli mei signaculum, superscribtionem meam; sed et intra subscribsi'. Fl. Probacius vir devotus apparitor sedis supra scriptae dixit: 'In hac voluntate interfui. Agnosco [signaculum et superscribtionem meam; sed et] intrensicus subscribsi'. Et iterum magistratus dixerunt: 'Quid [et de aliis testibus, quorum] signaculum hoc testamento infixa [vidimus?'] Fl. Bonifacius, Proba[cius], Heraclius, viri devoti, dixerunt: 'Constat una nobiscum Simplicium . . ., qui mortuus est, Exuperium virum honestum, Pamonium virum devotum et Georgio viro devoto, qui absentes sunt, in hoc testamento interfuisse, quorum signacula et superscribtiones recognoscimus'. Magistratus dixerunt: 'Quoniam de agnitis signaculis vel superscribtionibus testium responsio patefecit, nunc carta testamenti resignetur, linum incida[tur], aperia[tur], et per ordinem reci[tetur]'. Et inciso lino ex officio recitatum est: 'Fl. Constantius vir honestus, tinctor publicus, procedens sanus sana mente integroque consilio, cogitans condiciones humanas et repentini casus, praesentibus testibus numero competenti, in hac cartula testamentum feci, idque scribendum dictavi Domitio Iohanni forensi, cuique ipse, litteras ignorans, subter manu propria signum feci. Quod testamentum meum, si quo casu civili seu praetorio vel alia quaelibet iuris ratione valere non potuerit, etiam ab intestato vice codicellorum meorum valere illud volo, hac valeat, ratamque hanc voluntatem meam esse cupio et iubeo: Pascasia, honesta femina, iugali[s mea heres mihi esto'.]

87) D. (29, 1) 3.

Ulpianus libro secundo ad Sabinum. Si miles, qui destinaverat communi iure testari, ante defecerit quam testaretur, Pomponius dubitat. sed cur non in milite diversum probet? neque enim qui voluit iure communi testari, statim beneficio militari renuntiavit, nec credendus est quisquam genus testandi eligere ad impugnanda sua iudicia, sed magis utroque genere voluisse propter fortuitos casus: quemadmodum plerique pagani solent, cum testa-

---

87) Glück 45, 209. Vangerow, Pand. 2, 446. Guarneri Citati, Miscellanea Esegetica 1, 17.

menti faciunt perscripturam, adicere velle hoc etiam vice codicillorum valere. quicquam dixerit, si imperfectum sit testamentum, codicillos non esse, nam secundum nostram sententiam etiam divus Marcus rescripsit.

88) D. 19, 2) 59.

XII. Werkvertrag.

Iavolenus libro quinto Labeonis posteriorum. Marcius domum faciendam a Flacco conduxerat: deinde operis parte effecta terrae motu concussum erat aedificium. Massurius Sabinus, si vi naturali, veluti terrae motu hoc acciderit, Flacci esse periculum.

89) D. (19, 2) 62.

Labeo libro primo pithanorum. Si rivum, quem faciendum conduxeras et feceras, antequam eum probares, labes corrumpit, tuum periculum est. Paulus: immo si soli vitio id accidit, locatoris erit periculum, si operis vitio accidit, tuum erit detrimentum.

90) D. (14, 2) 10 pr. § 1.

Labeo libro primo pithanon a Paulo epitomatorum. Si vehenda mancipia conduxisti, pro eo mancipio, quod in nave mortuum est, vectura tibi non debetur. Paulus: immo quaeritur, quid actum est, utrum ut pro his qui impositi an pro his qui deportati essent, merces daretur: quod si hoc apparere non potuerit, satis erit pro nauta, si probaverit impositum esse mancipium. (1) Si ea condicione navem conduxisti, ut ea merces tuae portarentur easque merces nulla nauta necessitate coactus in navem deteriorem, cum id sciret te fieri nolle, transtulit et merces tuae cum ea nave perierunt, in qua novissime vectae sunt, habes ex conducto locato cum priore nauta actionem. Paulus: immo contra, si modo ea navigatione utraque navis periit, cum id sine dolo et culpa nautarum factum esset.

---

88) Windscheid § 401[8]. Dernburg, Pand. 2 § 113[24]. Girard 602[5]. F. Haymann, Z. 41, 159. 89) Haymann 157. 90) pr.: Haymann 155. § 1: v. Tuhr, Schweiz. ObligR. 1, 75 f. Girard 603.

G. Pätz'sche Buchdr. Lippert & Co. G. m. b. H., Naumburg a. d. S.

G. Pätz'sche Buchdr. Lippert & Co. G. m. b. H., Naumburg a. d. S.

FSC
www.fsc.org
MIX
Papier | Fördert gute Waldnutzung
FSC® C083411

Kolibri 360 GmbH
Ferdinand-Jühlke-Straße 7
99095 Erfurt, Deutschland
produktsicherheit@kolibri360.de